발달장애아를 위한 부모/교사 놀이지침서

놀아보자

홍점재활상담연구소

도서출판 그림책

글 : 최기창   최우형
　　　문학(특수교육 전공)박사　　　　　　　이학(직업재활 전공)박사
　　　상지대학교 재활상담학과 교수　　　　홍점재활상담연구소장

그림 : 김진열
　　　화가
　　　전) 상지영서대학교 교수

발달장애아를 위한 부모/교사 놀이지침서
놀아보자

초판 인쇄일 2021년 1월 28일
초판 발행일 2021년 1월 28일

지은이 최기창 • 최우형
그린이 김진열
발행처 홍점재활상담연구소
펴낸이 장문정
펴낸곳 도서출판 그림책
편집디자인 정해경
인쇄 비전프린팅
출판등록 제2010-000001
ISBN 978-89-6706-366-5　 90370

놀아보자

홍점재활상담연구소

서문

이 책은
부모나 교사가 가정 또는 교실에서
놀이를 통하여
발달장애아동과
상호작용하면서
아동의 학습과 행동을 증진시키는 방법을 제시한 지침서입니다.
부모나 교사는
이 책을 통하여
아동과 상호작용하면서
감각기능을 향상시킬 수 있을 것입니다.
독자는
여기서 제시한 프로그램을
한가지 씩 수행하시면 됩니다.

제시된 프로그램은
단계가 있는 것이 아니라
모두 개별적인 것이므로
연속하여 수행할 필요는 없을 것입니다.

주변 여건에 따라
필요에 따라
수행하시면 될 것입니다.

또한
본 지침서에는
프로그램 이용법을
아동의 입장에서
그림과 함께 간단히 언급하고 있음을 밝혀드립니다.

그리고
프로그램이 아닌 부분도 담겨있는데
양념으로 생각해주시면 고맙겠습니다.
작은 부분이라도
도움이 되시길 바랍니다.

2020년 11월 저자 씀

발달장애아를 위한 부모 / 교사 놀이지침서

놀아 보자

발달장애아를 위한 부모 / 교사 놀이지침서

놀아보자

발달장애아를 위한 부모/교사 놀이지침서

놀아보자

홍점재활상담연구소

구슬 꿰기

구슬 꿰기는
소근육 운동과
집중력을 향상시키고
협응성을 높이는 데 도움이 돼.

앉기

원만한 교육을 위해서는
의자에 앉는 일이 중요하지.
이리저리 뛰어다니면 교육을 제대로 할 수 없어.
처음에는 주의집중을 할 수 있도록
좋아하는 내용을 가지고 유도해야 해.
억지로 앉히거나, 강압적인 방법으로 하면
나의 심리상태가 불안해 지게 되지.

탐색

나는 원래 탐색을 좋아해.
세상 사람들은 성질도 급해서
금방 따분해져서
다른 것에 관심을 두지만
난 달라.
한가지를 가지면 오랜 기간 탐색을 하지.
씹어도 보고 맛도 보고…
그걸 막지 말아줘.
참고 기다려봐.
나도 지치면
다른 것을 탐색할테니까.

등산

등산은
심폐기능을 키우고 건강하게 자라게 하는
좋은 교육 방법이지.
다만 너무 무리하지만 말아줘.
듬뿍 사랑을 가지고…
등산로를 따라 걸으면
자연히 시선이 한곳에 모아져서
눈 맞춤도 되더라고…
오르기보다 내려가기가 더 힘들더라…

평균대

평균대는
균형감각을 익히고
주의집중에 좋은 운동이지.

나는 처음에는 싫었지만
한번 해보니까
자신감도 생기더라고…

공놀이

공을 굴리면서
엄마 한번 나 한번
공놀이를 하는 것은
엄마와의 대화도 되고
힘 조절도 배우니 일석이조라 할 수 있지.
둥근 공을 던져서
받기도 하고 굴리기도 하면서,
사랑을 키우는 거야.
듬뿍 담긴 사랑을 키우는 거야…

사회경험

나는 어디는 넓이 가보는 것이 중요해.
이것저것 경험도 많이 하고 싶어.
때로는 싫다고 고집을 피우지만
그건 나의 본심이 아니야.
학습은 경험에서 생기는 것이지.
다만,
내가 어디에 갈 것이고
무슨 일이 발생할 것인지
미리미리 알려주면서 나를 데리고 다녀 줘.

가위질

가위질은
손가락의 움직임을 유연하게 하고,
집중력도 생기고 힘 조절도 배우지
(협응, 소근육 강화).

선을 정하여 두고
따라서 오리면
나는 즐거워.

불기

내가 말을 제대로 하시 못히는 것은
호흡이 제대로 되지 못하기 때문일 수도 있어.

호흡을 배우려면 코를 풀거나,
숨이 차도록 달리기를 하여
호흡을 가쁘게 하면
호흡 조절을 할 수 있지.
촛불을 불어서 끈다든지 하는 방법도
도움이 돼.

종이조각날리기

많은 종이 조각을
오려두고,
불게 하면
나는 날아 가는 종이 조각을 보며
즐거워하면서, 자꾸만 불고 싶어지지.

그러면서 심호흡도 배우고…

비눗방울

불어서 비눗방울 날리기는
내가 가장 좋아하는 놀이야.

한번 익히면
나는 자꾸만 이걸 하고 싶어지지.

비눗방울 날아가는 모습은
너무나 아름다워.
호흡조절은 저절로 되고…

놀이터

놀이터는 내가 좋아하는 곳이야.
유독 좋아하는 놀이가 있지.
나는 대개 한가지 놀이만 고집해.
그것이 잘못되었다는 걸 나도 알아.
엄마는 나를 다양하게
경험하게 해주는 것이 필요해.
내가 좋아하는 놀이 대신
다른 놀이도 하도록 유도하는 것이 필요하지.
강제로 시키지는 말고.

블록놀이

나의 지능을 개발하고
손운동을 효과적으로 개발할 수 있는 방법!
바로 블록이지.
이 블록놀이를 자주 권장해 봐.
강요는 하지 말고.
우리들은 대부분 블록을 좋아해.
놀이를 지켜보고,
좋은 중재자로 엄마가 나서 봐.
듬뿍 사랑을 가지고…

세분화

무슨 일이든
연속된 것은 이해하기 어려워.
나는 복잡한 걸 싫어해.
동작을 세분화 해 봐.
예를 들어 화장실 지도를 하고 싶으면,
화장실에 들어가는 것
옷 내리는 것
그리고 쉬하는 것
옷 올리는 것
물 내리는 것을 하나씩 하나씩,
세분화 해서 가르쳐 봐.

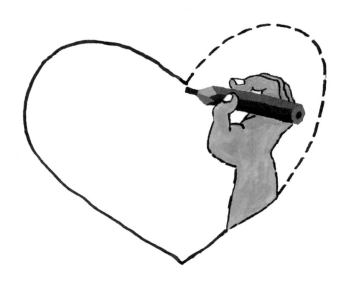

선 따라 긋기

선 따라 긋기는
시선을 집중시기는 좋은 공부재료지.
너무 많이 시켜서
권태를 갖지 않도록만 하면 돼.
일단 정확히 선을 따라서
긋는 능력이 생기면
글씨나 그림 등을 그릴 수 있어.
한번 엄마가 지도해 봐.
듬뿍 사랑을 가지고…

장난감

나는 고집이 있어.
가지고 놀던 물건을
한없이 가지고 놀고 싶은 특징이 있지.
이것이 잘못되었다고 뺏으면,
좋아하는 물건이 다른 것으로 이전되어
효과를 기대 할 수 없어.
지금 가지고 놀고 있는 장난감을 가지고
다양한 놀이를 할 수 있도록
다양한 방법을 생각해 봐.
듬뿍 사랑을 가지고…

조깅

나는 원래 달리기를 싫어해.
하지만, 조깅은
운동신경을 자극해서 신체발달에 도움이 된대.
조깅이 아니면 걷기도 도움이 되지.

매일 매일 조금씩 하는 것이 중요해.
어쩌다 한번 불규칙적으로 하게 되면,
스트레스만 쌓이게 되니
정규적으로 단계를 밟아가면서
계획성 있게 추진해 봐.
듬뿍 사랑을 가지고…

짝 맞추기

짝 맞추기를 하면 주의집중이 잘 되고,
추리력이 생겨나.
같은 모양을 가지고
때로는 일렬로 나열하게 해 보고,
쌓도록도 해 보고, 같은 색 같은 모양으로
구별하게 하면
어느새 선생님과 무언의 대화도 이루어지고
팀워크까지도 이루어지더라구.
짝 맞추기를 나와 함께 해 주면 나는 신이나.
가끔은 따분하긴 하겠지만 그래도 참고 잘 좀 해 줘.
듬뿍 사랑을 가지고…

편식

응용이 중요해!
내가 라면을 좋아하면 국수를 줘 봐.
국수도 다양하잖아.
비빔국수도 있고 칼국수도 있고.
라면도 다양하더라.
좋아하는 것부터 응용하여 다양화 하면
나도 고집? 많이 죽여.
듬뿍 사랑을 가지고 지켜봐 줘…

생활기술

나는 글씨 공부게
우선이 아니야.
글씨 쓸 줄 아는 것이 무슨 소용이야?
글씨 배울 시간은 앞으로도 많이 있어.
나는 내가 생활하는 방식을 배우고 싶어.
텔레비젼을 어떻게 켜고, 보고 싶은 프로는
어떻게 보는지를 먼저 알고 싶어.
물론 나의 수준에 따라 다르겠지만…

옆으로 구르기

집에서 엄마가 나와 함께 할 수 있는 놀이는
옆으로 구르기야.
둘이 같이 부둥켜 안고,
옆으로 몇 바퀴 돌면 방 끝이 되지.
그 다음엔 다시 원 위치로 도는 거야.
너무 재미있더라…

말타기

아빠아 내가
집에서 즐겨하는 놀이는 말타기야.
아빠의 넓은 등에 올라타면
적당한 말이 되지.
아빠 머리를 잡거나 귀를 잡고 있으면,
아빠는 어슬렁 어슬렁 앞으로도 갔다가,
뒤로도 갔다가
너무나 재미있어!

발등타기

서로 마주보고,
사랑하듯 부둥켜 안고,
아빠의 발등에
나의 발을 얹어 논 다음
아빠의 걸음걸이 대로
방을 이리저리 걸어다니면
부자간의 호흡이 척척 맞게 되지.
신나는 시간이야!

비행기

아빠가 누워서 '앞으로 나란히'를 하고
내가 그 위에 엎드리듯 엎으면
멋있는 비행기가 되지.
마치 날아가는 기분이야.
허공에 양팔과,
양다리가 떠서 신나게 날아가지!

그네타기

엄마는 나의 왼손과 왼발을
아빠는 나의 오른손과 오른발을 잡고,
이리저리 흔들면서 그네를 만들면,
나는 허공에 몸을 맡긴 채 하늘을 날지.
엄마·아빠의 사랑을
나의 손발에 연결한 멋있는 놀이야!

목마

아빠의 목마를 타면
아빠보다 높이 볼 수 있어!
아빠 손을 잡고,
박수를 같이 치며
이러 저리 돌아다니면,
세상이 모두 내 것 같아!
나는 또 타고 싶어서,
아빠의 손을 당기게 되지…

발 맞대기

너와 엄마가
반만 누워서
양 발을 마주 대고,
서로 밀고 밀리기를 교환하면
재미있어.
발을 교차하는 법도 배울 수 있고,
리듬감각도 살아나지.
신나는 놀이야!

심부름

심부름은
형만 하는 게 아냐!
나도 심부름하여
형처럼 칭찬 받고 싶어!
내가 할 수 있는 심부름을
나에게도 시켜 줘.
나도 동등하게 대해 줘!

자신감

나는 사신삼이 부톡애.
엄마는 내가 언제나 아직도 어린 줄 알고
모든 것을 다해 주지.
나도 할 수 있고,
스스로 할 수 있는 일이 있다는 걸
나에게 알려줘!

스킨십

나는 본래
상호작용을 싫어해.
그래도 나와 자주 접촉해 줘.
스킨십은 나만 해당하는 게 아냐.
부부간에도 형제간에도 중요하지.
그러면 사랑이 생긴대 –

아이들과 놀기

나는 아이들을 좋아해.
하지만 다른 아이늘이
어떻게 날 생각할지 걱정이 돼서
같이 안 놀아.
그렇다고 나 혼자만 놀게 하면,
나는 그 애들과 일평생 놀 수 없을 거야.
아이들과 함께 어울리고,
놀 수 있는 환경을 만들어 줘…

Baker, Bruce L(2014). 발달장애아동 자립생활 가르치기. 시그마프레스.

Good Job 장애인자립생활센터(2007). (중증장애인의 자립생활 실천을 위한) 자립생활기술 교육 매뉴얼. Good Job 자립생활센터.

강하늘(2019). 호흡훈련기를 활용한 성대에어로빅치료 프로그램이 과기능적 음성장애인의 음성개선에 미치는 효과. 호남대학교 대학원.

국립특수교육원(2000). 웹(Web)을 통한 발달장애 학생의 생활기술훈련 프로그램. 국립특수 교육원.

권현정(2002). 등산활동 프로그램이 자폐성 장애 학생의 사회성 향상에 미치는 영향. 단국대 학교.

김고운, 김환, 오혜원, 권혁철, 이선욱, 이선민(2017). 지적발달장애인의 지역사회 참여 촉 진 프로그램 개발을 위한 지역 사회 참여에 미치는 요인 분석. 특수교육재활과학연 구/56(3), 595-614. 대구대학교 특수교육재활과학연구소.

김미경(2019). 행동수정 및 긍정적 행동지원의 이해. 박영스토리.

김미옥, 박현정, 이은실(2016). 발달장애인 부모의 양육부담과 장애자녀에 대한 긍정성 인식 의 관계 : 사회참여의 조절효과를 중심으로. 사회복지연구/47(2), 309-330. 한국사회복지 연구회.

김선규(2000). 뇌성마비아동을 위한 착석지도의 이론과 실제. 지체.중복.건강장애연 구/35(1), P.23-38. 한국지체부자유아교육학회.

김인숙(2019). 장애통합어린이집 만 3세 기쁨반 유아 일과에서 나타나는 또래교수 탐구. 아 주대학교 대학원.

김형준(2011). 자폐학생과 잘~ 지내기. 한 장연.

남미숙, 이영재(2004). 집중놀이 프로그램이 주의력결핍·과잉행동장애(ADHD) 학생의 부주의행동에 미치는 효과. 발달장애연구/8(1), 73-86. 한국발달장애학회.

대한장애인체육회(2007). 등산. 대한장애인체육회.

변윤연(2010). 꼴라쥬를 활용한 미술치료프로그램이 발달장애유아의 언어능력, 대인관계 및 주의력 향상에 미치는 효과. 창원대학교.

성정경(2000). 오리기를 통한 자폐성 장애아동의 주의집중. 특수교육 사례연구/5(-), 36-44. 단국대학교 특수교육과.

신현녀(2011). 주의집중 훈련이 주의력 결핍 과잉 행동 장애 성향 유아의 착석 시간 연장에 미치는 영향. 강남대학교 교육대학원.

신혜선(2010). 물감놀이의 다양한 연상 활동을 통한 창의적 조형 표현 방안 모색. 대구교육대학교.

이근매(2003). (유·아동의 발달을 돕는)미술치료의 실제. 교육과학사.

이영미(2004). 비장애인이 참여한 지역사회중심의 여가기술교수가 발달장애인의 볼링장 이용하기 및 사회적 상호작용에 미치는 영향. 이화여자대학교 대학원.

이혜숙(2005). Developmental Physical Education for Today's Children_final report. 성신여자대학교.

장유경(2015). (장유경의) 아이놀이백과. 북폴리오.

홍양자(1999). 21세기 장애인체육의 발전방안 : 장애인복지체육회. 전국특수학교 체육교사 연수교재, 3-19.